C L A U D E T T E   J A C Q U E S

Mandalas pour développer...

la gratitude

Cahier à colorier

Le Dauphin Blanc

Nous reconnaissons l'aide financière du gouvernement du Canada par l'entremise du Programme d'aide au développement de l'industrie de l'édition (PADIÉ) pour nos activités d'édition.

Nous remercions la Société de développement des entreprises culturelles du Québec (SODEC) pour son appui à notre programme de publication.

Les mandalas ont été réalisés à la main par Claudette Jacques et ajustés à l'ordinateur pour les besoins d'impression.

Correction d'épreuves : Amélie Lapierre

Infographie des mandalas : Mathieu Bergeron

Infographie de la couverture : Marjorie Patry

Mise en pages : Marjorie Patry

Éditeur : Les Éditions Le Dauphin Blanc inc.
      6655, boulevard Pierre-Bertrand, local 133
      Québec (Québec) G2K 1M1 CANADA
      Tél. : 418 845-4045 Téléc. : 418 845-1933
      Courriel : dauphin@mediom.qc.ca
      Site Web : www.dauphinblanc.com

ISBN : 978-2-89436-242-6

Dépôt légal : 4e trimestre 2009
      Bibliothèque nationale du Québec
      Bibliothèque nationale du Canada

Imprimé au Canada

Avant-propos

Les cahiers à colorier *Mandalas* sont conçus pour permettre au plus grand nombre de personnes possible de faire la découverte d'outils peu connus, créatifs et thérapeutiques à la fois. Comme le temps manque à plusieurs personnes pour faire leurs propres mandalas, les dessins à colorier suivants offrent la possibilité de bénéficier de la paix et de l'harmonie que procurent les mandalas.

Le but des mandalas est d'abord et avant tout d'unifier, d'harmoniser. L'entrée dans leur cercle change le niveau vibratoire. Les mandalas unifient alors les deux hémisphères du cerveau et harmonisent les dualités, les contraires. Ils permettent la connaissance de soi et ils servent de soutien pour la méditation.

Ces dessins à colorier sont à la portée de tous; ils nécessitent seulement de cinq à sept crayons de couleur, en bois, bien taillés et, de préférence, de tons différents, et un temps d'arrêt. L'œuvre est alors en mouvement. En commençant au centre, cette position devient une invitation à joindre son propre centre, à prendre contact avec soi, puis à voyager dans le cercle en toute sécurité, comme cela devrait être dans la vie. Lors du coloriage, souvenez-vous que le centre doit contenir toutes les couleurs que vous utilisez, car c'est par le centre qu'il est possible de bénéficier des attributs des couleurs. Chaque fois que vous utilisez un crayon, assurez-vous de déposer au centre une touche de cette nouvelle couleur. Rappelez-vous également que vous pouvez personnaliser les mandalas en choisissant de respecter les formes déjà dessinées ou d'en créer de nouvelles.

Je vous invite à en faire l'essai et à en découvrir les bienfaits.

Claudette Jacques

N. B. – Notez votre état d'âme avant et après avoir colorié chaque mandala. Il est intéressant de constater à quel point le coloriage des mandalas peut transformer un état ordinaire en un état plus harmonieux.

Les mandalas pour développer...
la gratitude

Manifester sa gratitude dans les petits gestes de la vie, c'est donner de l'importance à tout ce qui se présente, c'est reconnaître le pouvoir de la pensée sur la matière, c'est vivre dans une constante vibration, celle de recevoir sans devoir demander.

Remercier dès le réveil et commencer la journée avec une pensée de reconnaissance pour tout ce que la vie nous offre, c'est vivre en harmonie avec l'Univers! Lorsque nous remercions, la loi d'accomplissement s'active. Cette loi a la propriété d'augmenter ce que nous apprécions. Pouvons-nous imaginer ce que sera notre vie si nous nous apprécions et apprécions les autres? Tout ira en grandissant : la santé, le bonheur, l'amitié, l'amour, etc.

La gratitude constitue une méthode fabuleuse, à la portée de tous, qui permet de transformer la vie. Elle nous fait voir le bon côté des choses, nous permet d'apprécier ce que nous avons et d'éliminer le mécontentement, la critique, la colère. Nous devenons, en quelque sorte, à l'abri de la maladie, de la folie, du désespoir; car la gratitude augmente la quantité d'hormones bénéfiques que nous appelons les endorphines. Elles constituent un puissant tonique pour le cœur, le corps et l'esprit.

Jour après jour, nous incliner de respect, de joie et de remerciement attire à nous les bénédictions de l'Univers. Remercier, c'est rendre grâce à tout moment pour la vie.

Je t'invite à colorier et, tout en parcourant les formes du mandala, à remercier afin que s'intègre la gratitude au quotidien. N'hésite pas à dire merci, à apprécier un compliment, un sourire, un geste de bonté, car à tout instant, tu crées ta vie.

Sois créateur!

Claudette Jacques

N. B. – Les espaces libres dans les dessins permettent d'y ajouter une touche personnelle, comme un souhait, un nom, un message.

L'antidote

L'appréciation est une attitude mentale à développer. Apprécier, c'est aller de satisfaction en satisfaction, de succès en succès.

Certes, il y a des périodes difficiles parfois, mais il faut trouver une façon de remercier même dans les moments pénibles. C'est l'antidote qui empêchera qu'une situation ne s'empoisonne encore plus. Apprécier la vie lorsque tout va bien, c'est merveilleux, mais lors des temps difficiles, c'est grandiose.

Je remercie l'Univers, et je note dix raisons qui m'incitent à remercier aujourd'hui!

Créer sa vie

Avec quoi voulons-nous confectionner la toile de notre vie? Certainement avec plusieurs brins d'amour et d'amitié, des fils de couleurs se tressant de découvertes en échanges, des fils de soi d'où filera la joie, la musique. Apprécier nos merveilles incite l'Univers à nous émerveiller davantage.

En tissant des fils de reconnaissance et d'appréciation, matin et soir, nous pourrons offrir à l'Univers le meilleur de nous-mêmes.

J'apprécie tout ce que je possède et je remercie!

La volonté du cœur

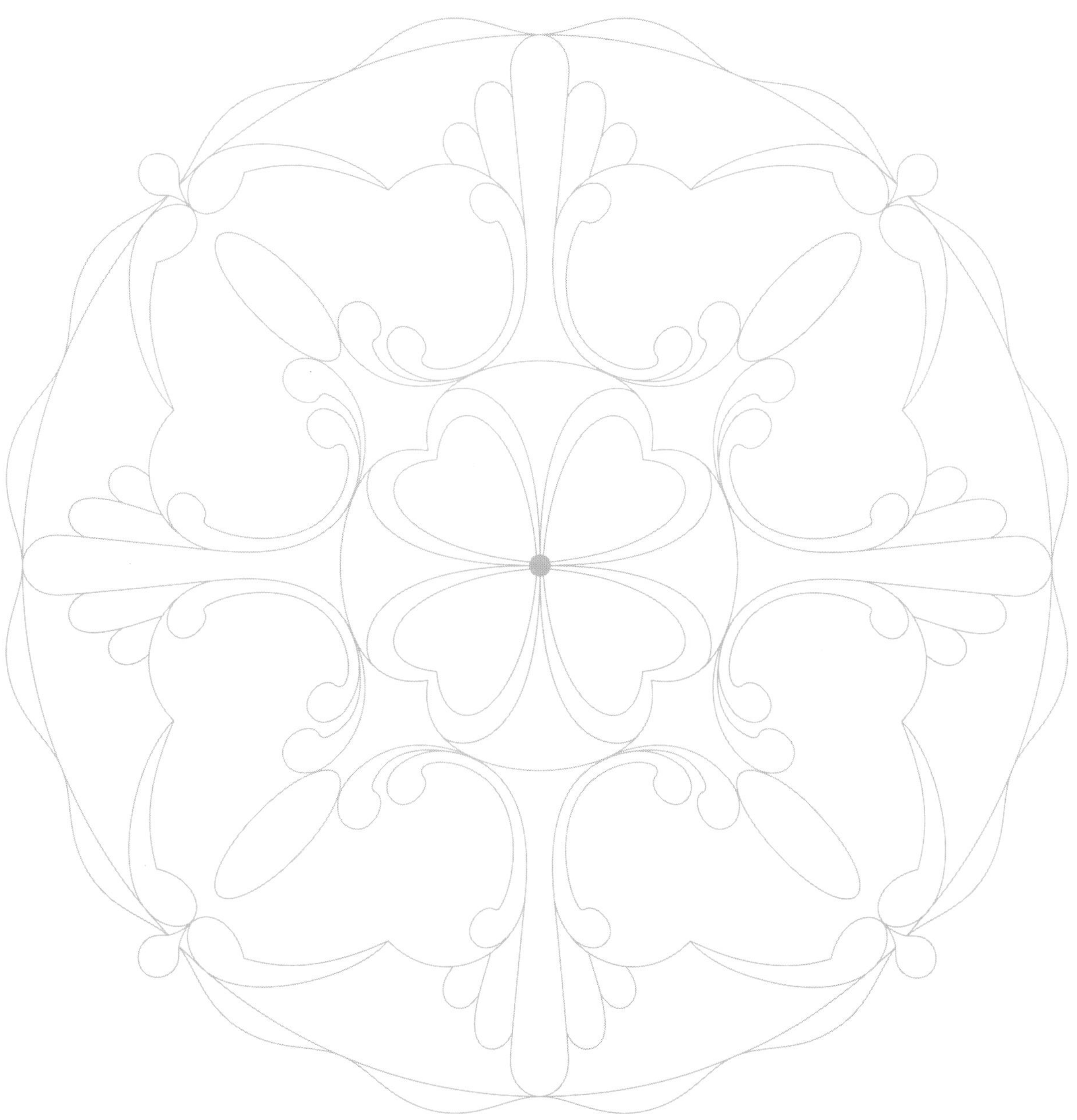

Pour vivre en accord avec le cœur, nous devons taire le rationnel qui soupèse le don, accueillir ce que l'ego repousse, revenir à la simplicité! Il nous faut suivre le mouvement qui nous incite à nous ouvrir aux autres, et surtout saisir toutes les occasions d'aimer.

Si nous ne cessons d'exprimer notre gratitude, nous pourrons accorder notre cœur au rythme du cœur universel.

En coloriant mon mandala, je vibre de tout mon cœur, et je dis merci, merci, merci!

La transformation des cellules

La physique quantique a démontré que la vibration d'amour harmonise la structure des molécules d'eau. Puisque nous sommes constitués de 75 % d'eau, lorsque nous remercions, des milliards de cellules reçoivent une dose de reconnaissance, ce qui les régénère, les rééquilibre, les transforme.

En appréciant notre être dans sa totalité, nous collaborons consciemment avec nos cellules. En changeant le monde de l'infiniment petit, nous améliorons le monde!

J'honore et je remercie chaque cellule pour le travail qu'elle accomplit.

L'énergie d'amour

Avons-nous conscience du nombre de personnes qui contribuent à notre confort et à notre bonheur? Que ferions-nous sans l'agriculteur, le restaurateur, le médecin, l'infirmière, l'éboueur? Tous ces êtres contribuent à notre mieux-être, à notre santé, à notre bonheur!

En étant reconnaissants, nous envoyons partout dans l'Univers une énergie d'amour qui aidera peut-être le blé à pousser. Chaque jour, je remercie dix personnes qui contribuent à mon bien-être.

J'apprécie et remercie les êtres qui sont près de moi, j'agrandis mon cercle et j'ouvre mon cœur pour y faire entrer le plus de monde possible!

La reconnaissance

Trouver, chaque jour, une occasion pour reconnaître la grandeur de la vie permet de vivre au quotidien dans une joie profonde, d'apprécier le bonheur simple et la vie malgré ses sinueux détours.

En adoptant une attitude attentive et bien intentionnée, nous découvrons, dans la continuité des jours, des instants uniques, des silences paisibles, des beautés insoupçonnées. Avec reconnaissance, accueillons ce qui vient à nous, que ce soit la tempête ou la fête!

Chaque jour, je remercie et je reconnais la grandeur de la vie!

Le magicien

Nous sommes tous des magiciens; certains le démontrent, tandis que d'autres n'en sont pas conscients. Dès l'instant où nous remercions, la magie opère. Chaque réveil est plus joyeux, chaque jour est plus ensoleillé. La vie se déroule en harmonie, accompagnée d'êtres attachants, dans la joie et l'abondance.

Soyons magiciens, transformons nos critiques en des paroles d'amour et nos plaintes en mélodies, échangeons des sourires, des rires, des complicités! Unissons nos voix pour faire chanter la planète, et l'Univers dansera!

Je crée mon monde à la grandeur de mes rêves et j'y invite ceux que j'aime!

Rendre grâce pour les merveilles

Que serait le monde sans musiques, sans fragrances, sans couleurs? En appréciant les artistes, les musiciens, les compositeurs, nous rendons grâce aux œuvres de ces êtres qui, par leur amour pour la vie, ont créé des merveilles et ont rendu notre monde plus musical, plus fabuleux.

Remplissons nos verres de ces merveilles, agrémentons-les de notre reconnaissance et nous pourrons boire à la prospérité de tous ces créateurs qui transforment la vie en couleurs et en sons.

J'exprime ma gratitude à tous les créateurs et au grand chef d'orchestre!

Une voie à suivre

Lorsque nous abordons les êtres avec reconnaissance, il se produit un changement en nous ainsi qu'à l'extérieur de nous. Par des attentions particulières que nous manifestons, les hommes et les femmes se sentent valorisés, uniques.

Avoir de la reconnaissance pour les êtres qui nous accompagnent permet d'apprécier la présence de l'autre, de le chérir comme s'il était une partie de nous. Ainsi se crée une intimité, une fraternité.

Je remercie les êtres qui font partie de ma vie. Je les remercie de me donner l'occasion d'aimer. Merci!

Apprécier les miracles

Lorsque la génétique nous révèle les secrets de la conception et de la gestation, nous ne pouvons que nous émerveiller! Nous sommes impressionnés par le miracle de la création.

Sauver un être souffrant de la détresse, aimer celui qui nous hait, exprimer de la gratitude envers l'être que nous sommes, voilà autant de petits miracles qui méritent d'être appréciés. Des miracles, nous avons la possibilité d'en faire tous les jours, il suffit d'être présents!

Je remercie pour tous les miracles que je vis aujourd'hui!

La gratitude de l'être

Il y a un commencement à la gratitude, mais il n'y a pas de fin. La gratitude commence par un merci, tout simple, qui se répète avec plus de conscience. Puis, d'appréciation en appréciation, nous en venons à la gratitude intégrée, celle qui vibre jusqu'au plus profond de l'être! Alors, la gratitude n'a plus besoin de mots, elle est devenue une vibration installée à tout jamais dans l'être reconnaissant.

Vivre constamment dans la gratitude nous démontre que la vie est abondance et que si nous savons remercier, rien ne nous sera refusé!

Je suis reconnaissant!

Les arcs-en-ciel

La vie est un mouvement continu qui tantôt nous fait rire, tantôt nous fait pleurer. La gratitude rééquilibre. Elle nous oriente vers la voie du cœur. Vues sous cet angle, toutes les nuances de la vie s'assemblent pour former un tout. Les ombres, qui nous semblaient inconvenantes, auront servi à unir les jours gris et les jours meilleurs, offrant un faisceau de couleurs, semblable à un arc-en-ciel.

La gratitude métamorphose la vie et fait briller toutes les couleurs!

J'apprécie la vie dans toutes ses nuances et j'accepte la couleur des jours.

La pensée consciente

La loi d'accomplissement s'active par une pensée consciente de ce que nous souhaitons. Ceci a pour effet de développer une vibration magnétique, attirant à soi ce qui se trouve sur la même longueur d'onde.

Si nous pouvons activer une loi par une pensée, cela démontre à quel point il est important de savoir ce que nous voulons attirer, car l'Univers est sans cesse à l'écoute. Une pensée d'amour attirera plus d'amour dans notre vie. Si nous reconnaissons la vie comme étant parfaite, nous attirerons plus de perfection à tous les niveaux.

J'apprécie mes richesses intérieures et extérieures et je dis merci, merci, merci!

La vibration se propage

Les gestes et les paroles de celui qui est amoureux sont habités par des vibrations qui se répandent tout autour. La gratitude vibre au même diapason que l'amour. Lorsque nous remercions, nous créons une ambiance de solidarité, de camaraderie. Celui qui reçoit est inspiré; si nous sommes satisfaits, contents, heureux, nous influençons notre entourage.

Tentez cette expérience avec des amis : demandez- leur quelles seraient les raisons pour lesquelles ils remercieraient aujourd'hui. Plus nous serons nombreux à remercier, plus la vie sera agréable à vivre, même pour les gens défavorisés.

J'ai le cœur plein de gratitude!

Mandala d'intuition

Le mandala d'intuition est une invitation à créer votre propre mandala. Formé à partir du cercle et du point, il est unique, simple, mais complet. Dans ce type de mandala, plus précisément, le point doit être très bien identifiable puisqu'il n'y a aucune autre structure. Malgré sa simplicité apparente, ce mandala permet la communication entre l'âme, le corps et l'esprit. Il est favorable à toute personne qui chemine, qui cherche à comprendre ce que la vie lui présente.

En coloriant avec les couleurs primaires, soit deux bleus, deux jaunes, deux rouges, les couleurs juxtaposées les unes aux autres produisent les sept couleurs des chakras qui s'harmonisent au contact des couleurs.

Ce mandala peut être fait tous les jours ou chaque semaine, selon votre disponibilité. C'est l'instant idéal pour parcourir l'intérieur du cercle dans un geste de va-et-vient, bénéficiant de la protection du cercle pour vous libérer tout en étant à l'écoute de ce qui se passe à l'intérieur de vous. C'est l'occasion pour accepter tout ce qui est, tout ce que vous êtes.

Coloriage du dessin d'intuition

Détachez d'abord le dessin du cahier afin d'avoir plus de facilité à colorier. Partez du centre avec, par exemple, le jaune; redéfinissez le point central avec cette couleur. Tournez plusieurs fois le crayon au centre, puis voyagez dans le cercle, sans penser, en faisant des petits cercles ou des spirales, revenant parfois au centre, mais en laissant votre main voyager à son rythme et à sa convenance. Terminez dans un tracé en périphérie, refaites le cercle avec cette couleur jaune avant de changer de crayon. Faites de même avec le bleu, puis le rouge. Tenez le crayon droit et toujours bien taillé afin de bien sentir le mouvement du crayon qui, tout en coloriant dans le mandala, fait circuler les couleurs à l'intérieur de votre être.

« En faisant ce mandala d'intuition, je suis prêt à m'harmoniser, à découvrir mon potentiel créateur. »

Bon mandala, et que l'expérience vous soit profitable!

Mandala d'intuition

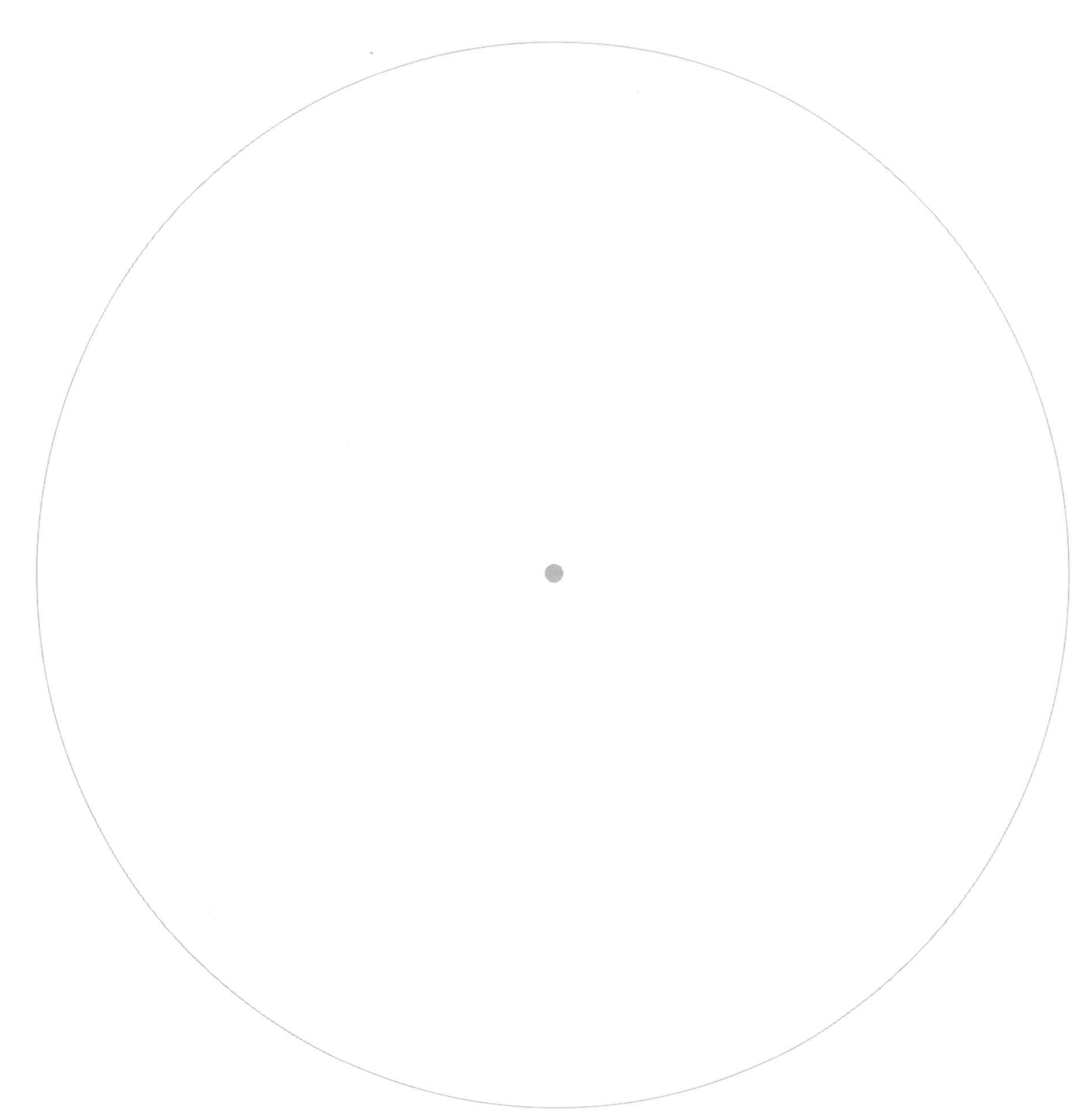

Marquis imprimeur inc.

Québec, Canada

2009